Monique Lise Cohen

Roman
d'une âme simple

En couverture
Fernande Rudetzki, enfant
Peinture, Collection privée

*La simplicité,
elle est à l'épreuve du dévoiement du monde*

Qui m'a faite selon
Son désir...

Ce recueil parle de femmes, de la féminité, du désir et des chemins vers la naissance du messie.
Et aussi du poème et du prophétisme.

Il y a Elsa, issue d'une si grande souffrance, qui a su dire dans son écriture. Miroir incandescent. Gloses pour la connaissance de celle qui peut se lire en elle. Cris et peurs d'une enfance. Par delà les temps, une rencontre. Elle et moi.

Et puis des femmes de la Bible. Textes écrits pour un spectacle rêvé - chant et poèmes - qui n'eut lieu qu'une fois, il y a plusieurs années.

Ces femmes ne parlent pas. Ou si peu. On dit qu'elles orientent l'histoire, hors de l'universel, vers la promesse et la naissance du messie.

La fille du Roi dans son intériorité
La Reine de Saba venue de loin pour voir la splendeur de Salomon
Ruth par qui vient le Roi messie

Hanna de qui découle la prière murmurée et debout selon la posture des anges
Esther qui dira une fois son nom pour sauver son peuple
L'amie du Cantique des cantiques qui nomme son désir, et la rencontre toujours différée.

Elles font les gestes qui sauvent. Non pas comme certaines héroïnes de l'histoire de France qui sauvent également, mais qui meurent ou disparaissent dans l'anonymat. Toujours vierges et jeunes filles, comme elles étaient racontées dans les manuels d'histoire de jadis.

Les femmes de la Bible sont des épouses. Leur histoire intime et messianique est celle de l'enfantement. Où plutôt l'orientation de la filiation, telle que leurs époux peuvent engendrer. Pour la venue du messie.
Leur geste est prophétique.

Car le commandement de croître et de multiplier est donné à l'homme. Une femme pourrait vivre sans enfants.

Qu'est-ce qu'une femme ?

Lorsque l'Éternel Dieu voulut la créer, il plongea Adam dans une profonde torpeur (Genèse 2, 21). Et pendant qu'Il la bâtissait d'un côté d'Adam, un *midrach* nous dit que ce dernier rêvait. D'*Elle*. Lorsqu'il se réveilla et qu'elle lui apparut, belle et charmante, apprêtée pour lui, il lança : « Toi, je te connais, tu étais dans mon rêve ! »

Ainsi l'homme se trompe toujours sur la femme. Croyant qu'elle est l'objet de son rêve, alors qu'elle est une création originale de Dieu. Nouvelle. Même si par un « côté », elle vient de l'homme.
Mais ce côté n'est pas un trou qu'elle viendrait combler pour reformer, comme dans les mythologies non bibliques, un androgyne primaire.
Peut-être l'homme vit ainsi ce manque, en se trompant encore ?
Elle ne vit pas ce manque.

L'homme se trompe à nouveau lorsqu'il énonce : « Celle-ci sera nommée *icha* (femme) parce qu'elle a été prise de *ich* (homme). »

(Genèse 2, 23). La première étymologie est fantaisiste et erronée, écrit Paul Nothomb[1]. *Icha* (*aleph-shin-hé*) /femme ne serait pas le féminin de *ich* (*aleph-yod-shin*) / homme, mais le féminin de *ech* (aleph-shin) / feu. L'homme aurait inventé alors l'espèce humaine sur le modèle des espèces animales, à la faveur d'une fausse étymologie. Ce que confirme le commentaire du texte de la Genèse (2, 23) par Élie Munk citant Ibn Ezra et R. Isaac Erama. La Bible ne veut pas faire de la femme une « hommesse » ou une femelle comme dans le monde animal[2].

Lui, quand il se réveille de sa profonde torpeur, il croit la connaître, mais il ne la connaît pas. Ce n'est pas lui qui l'a faite. Ne pas se connaître est le seuil de la rencontre. D'une autre connaissance, comme on dit : « au sens biblique » !

---

[1] Paul Nothomb, *Les tuniques d'aveugle*, La Différence, 1990, pp. 93-103.
[2] *La voix de la Thora, commentaire du Pentateuque par Elie Munk. La Genèse*, Fondation Samuel et Odette Lévy, 1981, p. 31.

L'Adam est créé à l'image de Dieu, c'est-à-dire masculin / *zakhar* et féminin / *neqeva* (Genèse 1, 27). Non pas bisexué ou transsexuel, comme dans les dérives d'aujourd'hui, mais porteur de ces polarités divines du don masculin et de la réception féminine. Car il est question ici, pour reprendre le titre énigmatique du livre de Charles Mopsik, du « *Sexe des âmes*[3] ».

Le malentendu, disait un Rabbin, est fondateur de la socialité. Il faut qu'il y ait un malentendu entre l'homme et la femme. C'est ce qui se dit dans la prière du matin. L'homme remercie le Très-Haut pour n'être ni esclave, ni païen, ni femme. En fait, il ne nomme que l'obligation de pratiquer la totalité des commandements qui ne sont pas prescrits à ces autres catégories humaines. La femme remercie pour n'être ni esclave, ni païenne, puis elle dit : « Béni sois-Tu Éternel notre Dieu qui m'a faite selon sa volonté (ou son désir). » Elle a plus d'obligations que les païens et les esclaves, mais encore, elle est faite dans le

---

[3] Charles Mopsik, *Le sexe des âmes. Aléas de la différence sexuelle dans la Cabale*. Éditions de l'éclat, 2003.

désir de Dieu. Capable d'inventer sa vie, unique, dans ce désir du Très-Haut.
Et l'on pourrait comprendre ainsi la réparation possible de la malédiction qui accompagne la sortie du Jardin d'Eden : « La passion t'attirera vers ton époux, et lui te dominera. » (Genèse 3, 16). Rachi, le grand commentateur médiéval propose cette lecture : « Et cependant tu n'auras pas le front d'exprimer ton désir. Mais c'est lui qui te dominera[4]. »
Nommer chaque matin son désir abrité dans la matrice du Très-Haut, n'est-ce pas la réparation d'une malédiction problématique ?

Plus loin il est écrit, lorsque l'histoire de la promesse se noue entre Abraham et Sarah : « Abram obéit à la voix de Saraï ». Et Rachi commente : « L'Esprit saint parlait par la voix de Saraï. » (Genèse 16, 2). Et encore : « Mais Dieu dit à Abraham : [...] Pour tout ce que Sarah te dit, écoute sa voix. » Rachi commente : « Ceci prouve qu'Abraham était inférieur à Sarah dans le degré de la prophétie. » (Genèse 21, 12).

---

[4] *Le Pentateuque avec commentaires de Rachi. La Genèse*, Fondation Samuel et Odette Lévy, 1979, p. 21.

L'esprit, au sens du mot hébreu *rouah*, non pas l'esprit contemplatif de la philosophie, mais puissance de parole, celle qui inspire les prophètes, comme nous le lisons dans le livre d'Ézéchiel.

Si les femmes orientent prophétiquement l'histoire dans le sens de la promesse, leur maternité ne peut se réduire à la dimension de réceptacle de la semence masculine ou de terre fertile apte à la reproduction. Nous demandons alors : qu'est-ce qu'avoir une mère ? Traditionnellement, Rachel, la femme aimée de Jacob, est considérée comme notre mère.

Lorsque Jacob rencontre Rachel, l'amour est immédiat, puis il y a attente, à cause de la stérilité. Léa, la première épouse de Jacob, est la mal-aimée, mais Dieu lui donne plusieurs enfants. Mais ne dit-on pas cependant que ce que Rachel a eu par sa joie, Léa l'a eu par ses larmes ? De retour vers la terre de la promesse, Rachel va mourir prématurément, « sur le chemin ». Le *Zohar* demande : « Quand le Messie viendra, où marchera-t-il ? Dans un chemin (Deutéronome 22, 6), ce qui est une allusion au tombeau de Rachel qui se trouve à la bifurcation des chemins ». Le Messie « ira la consoler. Elle ne voulut pas recevoir la consolation du Saint Beni soit-Il, mais elle recevra les consolations du messie, elle se lèvera, et elle l'embrassera. La lumière se répandra dans le monde »[5].

Selon l'enseignement du *Zohar*, Rachel est notre mère. Nous avons ainsi une mère qui nous accompagne de ses pleurs sur le chemin de l'exil. Catherine Chalier analyse la mort prématurée de Rachel comme le sens même du messianisme, et dans les termes de Lévinas, la responsabilité pour autrui. Rachel, notre mère, nous transmet l'attente messianique. Si toute attente est attente du Messie, nous retrouvons le sens du temps comme passage au temps de l'autre dont la figure première est celle de la maternité. Est-ce le sens de la matricialité dont est porteur le Nom divin ?

Rachel est comme la *Chekhina*, la « présence de Dieu » qui accompagne les exilés. La *Chekhina* est la vraie Rachel, attendant l'inouï

---

[5] Catherine Chalier, *Les Matriarches*, Sarah, Rebecca, Rachel et Léa, Les Éditions du Cerf, 1985, pp. 221-222.

de la consolation messianique. Car un des noms du Messie est *Menahem*, le consolateur[6].

Ainsi le Messie doit naître, et il doit naître d'une femme. Si Rachel est notre mère, nous sommes des frères qui ont une mère. Qu'est-ce qu'avoir une mère ?

Cette problématique est développée par Benny Lévy, déjà dans son dialogue avec Jean-Paul Sartre, comme sortie des impasses révolutionnaires. Ils se demandaient comment penser la fraternité sans la terreur. Cela nous renvoie à la Mère : « C'était le problème de Sartre à la fin de sa vie. Il était conscient du fait que la fraternité des insurgés, des membres du groupe en fusion, était factice. Il cherchait lors des derniers entretiens à penser une fraternité « authentique » et cela l'a amené à des propositions étranges dans sa bouche, mais suggestives pour nous : la fraternité renvoie à la Mère. »[7] C'est-à-dire

---

[6] Emmanuel Lévinas, *Difficile liberté*. Albin Michel, 1976, p. 117.
[7] Voir Gilles Hanus, *L'un et l'universel*. Éditions Verdier, 2007, pp. 43-46 p. 44.
Voir également : Jean-Paul Sartre et Benny Lévy, *L'espoir maintenant. Les entretiens de 1980*. Éditions Verdier, 1991,

que pour que la fraternité ne sombre pas dans le meurtre du Père (abolition de la paternité dans la Révolution française, meurtre du père, exécution du roi qui était le père de la nation), il faut une mère. Mais cette mère n'est pas la « mère-patrie », concept androgyne issu de la Révolution, concept où s'abolit la différence sexuelle puisqu'il comprend ensemble et semble fusionner les mots de mère et de père.

Comment penser le masculin et le féminin qui sont l'image de Dieu, comment penser la maternité et la paternité en Dieu ?

L'enfant est le dévoilement de la paternité et de la maternité de ses géniteurs. Paternité et maternité qui prennent leur source en Dieu. Mais le but, la vocation humaine n'est pas de revenir à l'origine comme dans les gnoses. Cronos ne mangera pas ses enfants, le fils ne couchera pas avec sa mère comme Œdipe. Penser la paternité et la maternité, c'est penser la naissance avec la création, c'est

---

p 47 et 57. Benny Lévy, *Le meurtre du Pasteur. Critique de la vision politique du monde*. Éditions Grasset et Verdier, 2003, p 65. Benny Lévy, *La cérémonie de la naissance*. Éditions Verdier, 2005, pp. 78-82.

penser la naissance avec la résurrection des morts. Penser dans la dimension duelle du masculin et du féminin, ce n'est pas penser le neutre ou l'androgyne. Si le paysage tragique, à l'aube du monde moderne, annonce que *Le Père a détourné des hommes son visage*[8], le retour vers Dieu comme Père est, selon Bernard Dupuy, l'enjeu du christianisme dans un partage avec le judaïsme.

La mère est le premier passage au temps de l'autre. Elle est la sortie du pur présent, sortie de l'identité, expérience de l'altérité en soi. L'amour vient comme l'altérité, comme la temporalité. Elle est le lieu (*Maqom* en hébreu est aussi un nom de Dieu). En effet, la tradition nous apprend que le monde n'est pas le lieu de Dieu, mais que Dieu est le lieu du monde. Localisation, extrême subjectivation, féminité. Cette localisation est aussi la temporalité, le « se-passer de l'Infini », selon Lévinas. C'est le « Me voici ! » d'Abraham, de dimension féminine, qui est l'autre face de la Gloire de l'Infini.

---

[8] Hölderlin, Élégie « Pain et vin », cité par Jean Beaufret, *Hölderlin et Sophocle*, Gérard Montfort, 1983.

Le Père uni à la Mère – le père matriciant, selon Benny Lévy – nous renvoie à la concrétude de l'existence protectrice des parents.

La mère aménage l'accueil, la demeure pour la parole du père qui vient d'ailleurs. Parole qui est comme une semence. Alors « Chac-Un – dit Benny Lévy[9] – est arraché aux paysages, étrangéisé par la parole venue du dehors, paternelle, est révélé à soi-même, à son unicité, par la parole féminine, habitant en celui qui l'accueille. »

Nous sommes un Tout d'Uniques. La création en est transfigurée.

---

[9] Benny Lévy, *Visage continu. La pensée du retour chez Emmanuel Lévinas*. Éditions Verdier, 1998, pp. 112-113.

Lettre à Elsa

(2007-2014)

Au commencement, ce texte avait été écrit sous forme de plusieurs *Lettres* adressées à *Elsa*, en janvier et février 2007. Je venais de lire le livre d'Elsa Berg, *Poupée de sang ou l'écriture de la douleur*, paru en 2004[10]. Alors, j'avais offert les *Lettres* à Jean Justin Moulin, l'époux d'Elsa. C'était à Valence, dans la Drôme, et je me souviens de la Librairie La Fontaine à Valence où le libraire, Yvon Vayssières, m'avait plusieurs fois invitée pour parler du judaïsme. Et des shabbats passés avec Jean Justin Moulin. La *Lettre à Elsa*, je l'ai réécrite en 2014.

---

[10] Elsa Berg, *Poupée de sang, ou L'écriture de la douleur*. Suivi d'une correspondance avec Éva Thomas. Avec un texte d'André Sauge : « La littérature impossible », de Michel Cornu : « L'écriture de la douleur », une notice biographique établie par Jean Moulin, préface Annie Celtan, Lyon, Éditions La Fontaine et Éditions du Cosmogone, 2004.

Elsa,
Quelle sera la sépulture de l'enfant,
dans nos mémoires ?

Tu voudrais libérer le cri de l'enfant disparue.

Mais pourquoi Elsa, ce cri, je l'entends
jusqu'au très-fonds de moi-même ?
Il résonne Elsa, ton cri, il fait vaciller les
fondements du monde
Il interpelle le Créateur, le Maître de toutes
choses, le Maître du monde.

Elsa, ton cri brûle en moi.

Elsa, je voudrais t'apaiser par-delà les temps
Mais peut-être étais-tu trop révoltée, trop
engagée dans une révolte sociale,
à un âge où moi j'avais abandonné depuis
longtemps.

Traversé tant de nuits, tant d'effrois
Parfois d'autres paroles résonnent en écho
On se regarde, on s'entend. On se dit : moi
aussi, j'ai été là-bas !
Dans un tremblement, dans un vacillement.

« *Oui j'ai manqué de prudence en écrivant !*
Mais à nouveau j'écris...
(p. 15)[11] »

Mourir ou renaître en écrivant ? Question que nous nous posons dans la lassitude de son énoncé. C'est presque une convenance. Peut-être est-ce sans alternative ? Vie ou mort, renaissance, le souffle coupé. Elsa, c'est trop dur ! Nous le savons : traverser les portes de la vie et de la mort sans fin.
Nous affrontons cette tâche avec résolution, nous y sommes engagées malgré nous, comme une vocation, un appel. Et notre réponse. Je suis là, je suis ici, je réponds à l'appel. Je suis l'infatigable passeuse de la vie à la mort, et à la vie. Je combats les fantômes et les peurs insatiables, j'affronte les monstres invisibles. Ô Elsa, combien ces combats sont souvent plus redoutables que tous nos engagements sociaux !

---

[11] Les références des pages sont celles du livre d'Elsa Berg, *Poupée de sang*.

« Sinon cette main qui prie pour écrire. (p.15) »
Elsa, toi aussi, tu connais la prière de la main ?
Nous les Juifs, nous disons que la récompense de la prière est la prière elle-même.

N'as-tu pas été assez grandement récompensée de pouvoir ainsi prier ?

« Elle (l'enfant) s'étouffait car elle savait... Il n'y avait pas d'abri contre la barre de fer... Coincée là. N'y pouvant RIEN. (p. 19-20) »

Tu as écrit *RIEN* en lettres capitales. Le Rien n'est pas un moins, mais un plus. C'est ton savoir, ta science, fillette.
Les enfants savent-ils mieux le *Rien* que les grandes personnes ?

Ce soir, dans le rien de nos engagements, dans le rien de nos fantômes
Je voudrais convertir le geste de ta main en prière permanente.

Mais était-elle vraiment morte ? (p. 21).
L'enfant vit toujours dans la terreur de l'abandon. Mais l'enfant ne sait pas ce que c'est que la mort.
La peine,
sans qu'on sache y mettre un nom !

Mais toi, Elsa, ta mère ?
« *Un jour, elle m'a laissée.* (p. 23) »
Oui Elsa, je halète avec toi.

« *Cette partie si douce de moi s'en était allée.* (p. 23) »
Un jour, j'avais écrit : « Ayez pitié de ma douceur. »

Alors tu écris : « *Elle était morte ?* »
Mais comme une interrogation.

Où sont-elles nos mères bien-aimées ? Parties.
Où sont-elles, quand elles sont parties ?
Et pourtant toujours là, présentes, dans notre désir d'elles. Toute la tendresse, douceur au-delà de la douceur.

« *Accalmie précaire* (p. 22) »
Nous avons été ballottées au feu des rigueurs,

brûlées
Ce calme équivalent à toute la souffrance du monde
Plus grand que la souffrance
Tu l'as connu, Elsa ?

Page 25 : le viol
Freud dit que l'offense sexuelle faite aux enfants est à l'origine de la psychanalyse.

« *Dévastée, brisée, ma tête a dû éclater.* »
« *Une douleur affreuse* » ; « *il n'y a pas de mot* », « *RIEN* (p. 25) »
Et l'âme sort du corps, pour ne pas subir encore plus l'offense.
Et je sais, moi, l'âme sortie du corps, je sais cela, et je le regarde ce corps,
je te regarde avec compassion
Comme l'ange qui, immobile, accompagne le martyre[12].

La présence de l'ange qui ne peut rien,
Il est auprès de l'offensé, du persécuté, du supplicié,
Auprès de la fillette violée.

---

[12] Elizabeth Lukas, *Quand la vie retrouve un sens. Une introduction à la logothérapie*, Éditions Pierre Tequis, 2000.
Elizabeth Lukas, disciple de Viktor Frankl (1905-1997), psychiatre viennois inventeur de la « logothérapie », le soin par la parole, de retour de déportation dans les camps nazis.

As-tu reconnu le frémissement de son aile ?
As-tu éprouvé la suavité de son haleine ?
As-tu pressenti l'appel de la bénédiction ?

« *Rien, je ne sais plus rien écrire. De l'encre rouge... RIEN. (p. 25)* »
(On n'écrit pas un livre avec du sang, même si la tentation de l'encre rouge nous affleure ! J'avais su cela dans un rêve.)

Mais l'écriture te revient,
L'ange a infusé en toi le don qui vient d'En Haut
Qu'ils sont étranges les chemins de la miséricorde !
Lui, l'ange, il accueille ta prière pour le Maître des Consolations
Il amène en haut le souffle balbutiant de ton invocation
Lui, invisible ; toi, connaissance.
Pressentiment.

Sais-tu que ce que Rachel a acquis par sa joie,
Léa l'a acquis par ses larmes ?
Il y a une identité secrète de la souffrance et de la joie.

La présence de l'ange comme témoignage.
Et toi, dans la connaissance.

Cela ne se vit pas, cela n'est pas présent
On aurait tort de vouloir vivre cela.
Témoignage du non-présent
Telle est ta connaissance
Fillette des abîmes et des hauteurs.

Prière de ta main.

Pourquoi Elsa ce désir de fusion avec ta mère ? Pourquoi ? Pourquoi aller là ?
Ne sont-elles pas encore plus fragiles les fillettes abîmées, lorsqu'elles cultivent ces rêves incohérents ?
La vie ne doit-elle pas être l'apprentissage des séparations ?
Ô non pas les séparations douloureuses comme dans les drames et les tragédies, mais celles qui conduisent à créer du nouveau dans le monde !
Comme tes livres, Elsa,
Comme tes livres !
Comme tes poèmes.

Le sais-tu assez ? Est-ce que je le sais suffisamment moi-même ?
Rester rivées à l'abîme qui nous précède, à l'enfance endolorie, celle où les livres s'abolissent, se retournent en matière molle et inerte,
Livres sans noms

Ceux que tu suggères dans ces points de suspension qui obstruent souvent la lecture de ton incandescence.

Je sais de connaissance et d'apprentissage savant, je sais par expérience, qu'il faut s'écarter des fusions et des nostalgies,
Surtout, ne pas revenir à la source.
En langage de nourriture, on dit : séparer le lait et la viande.
Comme le commandement donné à la mère : tu ne réincorporeras pas en toi ton produit, et le commandement donné à l'enfant : tu cesseras de désirer ta mère.
C'est Jacques Lacan qui interprète ainsi ce commandement de la nourriture juive (séparer le lait et la viande) comme le commandement de l'interdit de l'inceste.
Lorsque le commandement est respecté, alors l'enfant accède à une autre nourriture que le lait maternel, et il accède aussi à la parole.
Séparation du lait et de la viande. État adulte de sevrage permanent,
Peuple du livre.

Mais toi, tu dis avoir vécu un inceste comme la douleur fulgurante (p. 25).

Les mauvaises odeurs, les haleines fétides (p. 26). La bouche est envahie par les mauvaises pensées qui lui communiquent leur amertume. Mauvaise terre. Cri déchirant.

« *Ça n'écrit pas, ça geint.* (p. 25) »
Oui, tu as raison, « ça » n'écrit pas, jamais
C'est « je », « toi » qui écris.
Et puis tu dis encore : « *Qui écrit ?* » et « *Ça écrit disjoint.* (p. 27) »
Et puis tu t'apaises.

L'écriture revient, c'est toi qui écris.
Les livres annulés, l'écriture molle des points de suspension, les appels au secours auxquels personne ne répond,
Tout cela s'efface,
et laisse grandir ta maturité, la transcendance de ta main sage.

Femme grande et maternelle,
Tu te penches sur la feuille dans l'ouverture des horizons.

Petite enfant, toi qui te veux grande pour secourir ta mère battue (p.31) ! Renvoyée à ta condition enfantine
Ô celles qui furent renvoyées cruellement à cette enfance qu'elles n'ont pas vécue, qu'elles n'ont pas pu vivre !

J'avais remarqué des titres de livres qui parlaient d'enfance volée, et puis j'ai lu le récit d'une personne qui avait été déportée dans son enfance, et qui s'était dit, devant l'immensité de l'épreuve, que cela ne valait pas la peine de vivre une enfance, comme si elle renonçait à vivre son enfance.

Un enfant est une âme comme n'importe quelle personne, jeune ou âgée.
Cette âme s'est incarnée dans un corps et va vivre les temps et les saisons d'une vie afin de parfaire son incarnation, afin de ne pas devenir une âme errante,
Mais parfois, dans l'écorchure d'une épreuve trop grande, l'âme renonce à vivre un temps de cette vie.

C'est une connaissance qui vient d'ailleurs.

Elsa, cette connaissance est-elle une maturation pour l'écriture ?

Je te vois sur la photo de *Poupée de sang*, ton visage est fermé, ton front plissé, froncé ; tu pourrais être plus douce, mais ce que tu n'as pas vécu s'écrit en toi en lettres de feu, sculptant ta personne dans une dureté. Invisible sur la photo, l'épreuve de ta vie habite ta main en halètement.

Sois patiente !

L'ange te garde et accueille ta plainte. Il prend ta main pour effacer délicatement l'erreur des points de suspension. Il accueille une larme de toi dans une coupe invisible.

C'est le sel de la patience, Elsa.

« *Le temps parlait de lui-même tandis que j'apprenais à ajuster ma langue au pouls de la survie ici. (p.31)* »
Tu parles du temps ici,
et tu finis encore par le temps : « *le temps de passer* (p.42) ».

Quel est-il ce temps ici que tu appelles « *le temps de la survie* » ? Non pas que la vraie vie soit ailleurs ; ô non je ne le crois pas ! La vraie vie, elle est ici dans le temps de l'ajustement de ta langue, de ton écriture
Tu opères dans ces ajustements le lien entre l'en-haut et l'ici-bas. Autrement le monde se dissoudrait, exploserait, comme dans la fission atomique du noyau. C'est l'écriture (ton écriture) qui maintient l'unité du monde, l'unité des mondes.
Toi la fillette, la femme, à qui le Ciel a donné des yeux d'ambre.

Le don infini qui t'est fait pour la transformation des mondes,
tu l'accueilles,
contre l'atteinte de l'oubli.
Tu développes la mémoire dans l'opacité et la brume des matières,

Tu sais mimer la folie pour rédimer la matière du monde,
Ô l'artisane des résurrections !
Tu es le maître de ta propre résurrection dans l'écriture qui se poursuit à l'infini.

Quand elle a voulu partir, ta mère, tu t'es placée devant elle, tu as dit : « *Pourquoi* ? », tu l'as enlacée, tu as pleuré contre elle.

« *Un cri dedans moi qui n'en finissait pas de quitter le monde en s'y enlisant. (p.35)* »

Ce cri, les lettres de Son Nom ineffable.
Ainsi agit-il, le cri, depuis le cœur
Il appelle le Très-Haut,
Mais il ne nous fait pas oublier le monde
« Souviens-toi que tu as été esclave en Egypte ». Souvenir de la matière boueuse de l'esclavage d'où émerge le cri.

Vers où va-t-il ?
Il s'élève, mais la mémoire n'est pas oublieuse, comme chez les philosophes (illusion d'une âme désincarnée, aspirant à la mort).
La mémoire de la souffrance réinvente la vie.

« *Et toujours le désir de partir, d'être relevée de cette étrange indifférence qui la maintenait en douleur inutile. (p.38)* »
Elle voulait clamer « *Je suis venue pour vous dire que je m'en vais. (p.38)* »
Mais tu le dis : « *S'en aller sans en mourir. (p.39)* »

Pourquoi ton écriture est-elle tellement vivante ? Tu parlais, avant, d'écriture rouge comme le sang, mais maintenant, après toi et avec toi, c'est ton écriture qui se gonfle de vie, d'encre et de lumière. Ton souffle habite les feuillets du livre

Vie étrange, vie au-delà de la survie
Ce n'est plus l'angoisse qui se transmet
Mais une « douce lumière »,
Comme disent les mystiques (Rabbi Moshé Cordovero ; Édith Stein).

Sais-tu, fillette des noirceurs et de la survie, que ce qui rayonne de toi est une douce lumière ?

« *On ne la retrouva pas. C'est moi qui la porte. Elle, c'est moi, le temps de passer. (p.39)* »
Tu t'enfantes toi-même dans la mise en œuvre de tes écrits
« *Écrire encore ce qui me suspendit à la vie, envers et contre tout, jusqu'à aujourd'hui ? (p.41)* »

Aujourd'hui : le temps de ta lecture
Le temps de celle qui te lit.

« *Écrire d'ici et d'ailleurs.* (p.41) »
La tradition nous enseigne que le « Je » majestueux, *Anokhi*, pourrait se lire ainsi en acrostiche : «J'ai donné et mis mon âme dans l'écriture »
L'écriture signe notre incarnation du sceau divin.

« *Mais nous dire pourtant la fragilité exiguë d'écrire, cette exigence d'oser écrire ce quelque chose dont je ne parviens pas à sortir.* (p.42) »
Tu nommes, pour nous les vivants, la plongée dans la matière, la substance multiforme, dont il n'y a pas à sortir, mais pour nous, tardivement, y frayer le chemin de la signature.

« *C'est de cette désintégration que naît souvent le désir d'écrire.* (p.42) »
Un jour, j'avais écrit ce poème : « Écrire dans la dissociation de l'air et des parfums. »

L'écriture est la sortie, ta sortie. On ne sort pas muette des désintégrations.

On en sort écrivain.

« *Assumer alors le manque irrémédiable d'une tâche impossible et être vaincu.* » Tu nous donnes le goût, la saveur, de cette défaite qui est le sel de toutes les louanges,
Je suis défaite. Gloire au Créateur. Il ouvre pour toi l'espace de Sa Bonté.

*« Mais là-haut dans le ciel
son visage voltige éperdu. (p.43) »*

À propos de la prière et de la souffrance, Emmanuel Lévinas a écrit :

La souffrance humaine serait-elle condamnée au silence ? L'autorisation talmudique de prier pour soi exclut-elle absolument les demandes du moi malheureux ? Prier pour son propre malheur ne serait jamais, d'après rabbi Haïm de Volozine, l'ultime intention d'une pieuse prière, de la prière du juste. La finalité de toute prière reste le besoin que le Très-Haut a de la prière des justes pour faire exister, pour sanctifier et pour rehausser les mondes. Mais, dans la mesure où la souffrance de chacun est déjà la grande souffrance de Dieu qui souffre pour lui, pour cette souffrance qui, « mienne », est déjà sienne, divine, le moi qui souffre peut prier et, dès lors, il peut prier pour soi : il prie pour soi-même en vue de faire cesser la souffrance de Dieu qui souffre dans la souffrance du moi. Le moi n'a pas à prier pour sa propre souffrance : Dieu, avant toute demande, est déjà avec le moi. Ne dit-il pas (Psaume 91, 15) : « Je suis avec lui dans les souffrances » Et Isaïe 63, 9 ne parle-t-il pas de Dieu qui souffre dans la souffrance de l'homme ? Le moi qui souffre prie pour la « grande souffrance » de Dieu qui souffre et pour la faute de l'homme et pour la souffrance de son expiation. Et, dans cette souffrance de Dieu dépassant la sienne vers laquelle dans son oraison, il s'élève, la sienne s'adoucit... C'est dans ce surplus de la souffrance de Dieu sur ma souffrance que résiderait précisément l'expiation, c'est dans la souffrance de Dieu que se fait le rachat de la faute jusqu'à la cessation de la souffrance... Kénose d'un Dieu qui reste, certes, Celui *à qui* toute prière est adressée, mais qui est aussi Celui *pour qui* la prière est dite. »

« Judaïsme et Kénose », dans *À l'heure des nations*
(Éditions de Minuit, 1988, pp. 149-150)

Études bibliques

La Beauté

La Beauté n'est pas le reste contemplatif d'un monde abandonné, livré à lui-même.
Elle est le retrait du divin qui illumine le monde,
Alors le Beau se lie avec le Bien.

                Psaume 50
                Psaume 45
                Proverbe 31

D'où vient-elle
la Beauté ?

De Sion
où Dieu se laisse voir
(mais cependant nul ne peut Le contempler)
Il apparaît pour juger
« Il vient, notre Dieu, Il ne reste pas en silence »

Dans l'écartement du ciel et de la terre
Sa parole s'avance
avec le feu

Parole du jugement.

D'où vient-elle la Beauté ?

« Toute resplendissante est la fille du Roi dans son intérieur »

Pour lui
(le Roi)
la droiture,
vérité, modestie, justice

Pour elle
(la fille du Roi)
l'intériorité en son retrait

Alors
Lui
s'éprend de sa beauté
et
Elle
oublie son peuple et la maison de son père

Elle
écoute et ouvre les yeux

Nous n'avions pas encore appris à voir.

D'où vient-elle
la Beauté ?

Elle vient
quand la vision se fait écoute

« Car la grâce est trompeuse, et la beauté est
vaine »
La Beauté de la femme vaillante,
elle,
est la signature
du Bien

La Beauté,
l'invisible
qui donne à voir

Elle n'est pas dans les choses,
elle
vient de Dieu.

La Sagesse

La Sagesse est la modulation d'une parole.
Elle articule la voix depuis les origines.
Ses paroles habitent le monde à la faveur de grands sages comme le Roi Salomon.

> Proverbe 8
> II Chroniques 9

La Sagesse a dit :

« L'Éternel m'a acquise au commencement de
son action, antérieurement à ses œuvres, dès
l'origine des choses... »

De l'évocation de l'antique délice,
reste pour notre humanité
la voix qui ordonne,

du plus lointain,
et
dans la proximité de nos jours,

Car là
est
notre vie

La voix qui ne cesse pas
elle
(est)
notre vie.

La voix se module dans l'histoire humaine
Résonance des paroles de la sagesse
par la bouche du Roi Salomon

La bouche
elle est
(selon l'enseignement mystique)
le féminin
en l'homme

La Reine de Saba
est venue de loin,
Elle voit
la sagesse de Salomon
« plus grande que sa renommée ».

La Sagesse se donne à voir
dans l'articulation des paroles

La voix antique,
elle vient,
jusqu'à nous

Résonance
sans blessure
du verbe et de la chair.

L'enfantement du messie

Les femmes orientent l'histoire dans le sens de la promesse. C'est pourquoi « Histoire » se dit en hébreu : « Toledot », c'est-à-dire engendrements. Ruth est l'aïeule de David, le Roi-messie, Hanna enfante le prophète Samuel qui donne l'onction à David. La Reine Esther est celle qui sauve. Reine portant la messianité.

Ruth 1
I Samuel 2
Esther 5

Histoire de pauvreté. Naomi et Ruth reviennent, indigentes, en Israël. Ruth avait dit : « Partout où tu iras, j'irai, où tu demeureras, je veux demeurer, ton peuple sera mon peuple et ton Dieu sera mon Dieu. »

Ses gestes
sont les gestes
du Bien
Elle oriente l'histoire
Elle, mère
du messie

Sa signature,
en bas d'un récit
écrit au féminin

Était-elle belle ?
Un geste suffit pour orienter le monde

Chemins étranges de la maternité
Elle rencontre Boaz pour enfanter le messie
L'enfant de Ruth est l'enfant de Naomi
Transmission de femme à femme

Nous ne saurons rien
du secret de sa couche,
sauf
qu'une présence divine
veille
à la venue du messie.

Fœtus enroulé comme la Torah
Histoire-Rouleau
Le Nom divin y est inscrit

Le messie advient
dans la pudeur d'un geste,
Signature ordonnée
pour l'écriture d'un nom

Aussi courte sa nuit
qu'une vie
entière
(j'aspire à son silence,
ses gestes clairs)

Sa parole qui nomme le Maître du monde.

Hanna,
toute prière découle de toi
de ta posture
debout
plus grande que les anges

Murmurant,
dans l'écho
entre
Je, Tu et Il,
l'inscription de l'Indicible

Dans la joie de la maternité
Tu nommes
la puissance et le jugement de Dieu

Vie irradiée.

« Et Esther trouva grâce »

Elle ouvre le monde à la modernité
invisible
(monde qui se croyait sans Dieu)

Elle restaure
l'Alliance antique

« Et Esther trouva grâce »

Son nom,
sa signature,
sont inscrits
dans le Livre

Comme elle l'a voulu.

Le Chant des chants

Lorsque le Chant des chants fut inscrit dans la Bible, les Sages s'étaient demandé si ce chant terrestre d'amour entre un homme et une femme pouvait y figurer. Avait-on le droit d'inclure dans le texte biblique qui est la révélation pour l'humanité du Nom de Dieu, un chant d'amour profane ?

Je suis à mon ami   et sur moi   son désir
Son bras gauche   sous ma tête   et son bras droit   m'entourera

*Le Chant des chants est à la fois le chant de l'âme pour son Créateur et le chant d'amour entre un homme et une femme.
Écoutons le texte.
Il parle d'un amour entre un homme et une femme qui se cherchent, qui se trouvent, qui se perdent à nouveau.
Nulle fusion, nulle extase,
   mais l'infini du désir comme désir de l'Infini.*

*Mets-moi comme un sceau   sur ton cœur
Comme un sceau   sur ton bras   car l'amour
      est fort comme la mort la
      jalousie   est âpre comme les enfers
         Ses flammes   de flammes
         De feu   un brasier de Dieu.*

Voir, à travers la peur

Un jour j'avais écrit un recueil de poèmes portant ce titre : *Un souffle qui trouve sa science dans l'oubli*. J'aimais ce recueil, mais à la fin, il y avait l'évocation d'un Dieu qui serait semblable à l'oubli lui-même. Et précisément, je ne voulais pas écrire cela. Mais autre chose ou même
le contraire ; et je regardais étonnée ce qui se dévoilait sous la plume. Quelque chose que je ne voulais pas. Ce n'était pas un inconnu fécond qui se développait alors, comme j'avais souvent glosé à propos de l'écriture. J'avais aimé dire ainsi que l'écriture se déploie, comme le voyage de Christophe Colomb, entre le calcul des Indes et l'invention de l'Amérique.
Je croyais, ainsi qu'Henri Meschonnic me l'avait enseigné, que l'on écrit ce que l'on ne sait pas.
Je le crois toujours.
Mais cette fois-ci, je m'étais heurtée à une résistance inquiétante du sein de l'écriture elle-même, un abîme profond, très profond, d'où venait comme un rejet. Me poussant à écrire des choses que je n'aimais pas.

Quelle est-elle cette force obscure qui nous oriente, malgré nous, et parfois sur des chemins de traverse ?

Meschonnic parle d'une éthique de l'écriture. J'avais entendu Aaron Appelfeld dire de même. Et puis, Meschonnic cite Victor Hugo disant que les poètes ont peur de devenir prophètes. Dans *Politique du rythme, politique du sujet*. C'est « une responsabilité qui renouvelle la notion traditionnelle d'auteur – du fond de la voix. » Il dit encore : « Oser voir – la méchanceté des pouvoirs, la confusion du monde – et oser dire ce qu'on voit. »
Encore : « Un oser voir à travers la peur. Le sujet contre l'individu[13]. »

Avais-je alors manqué de courage ?

C'est quand on s'avance vers ce qu'on souhaite dire que l'horizon s'ouvre, et que l'inconnu s'offre à notre inspiration. Mais lorsque l'on cède à la peur, alors des forces négatives puissantes s'opposent à notre chemin d'écriture, et l'on écrit n'importe quoi,

---

[13] Henri Meschonnic, *Politique du rythme, politique du sujet*, Éditions Verdier, 1995, p. 360.

des banalités, des contre-vérités, on se plie aux académismes et aux idées toutes faites. On sombre dans le politiquement correct.

On se dit qu'on a le temps, que ça viendra et qu'on peut attendre. Mais comme dit Kafka : « Le temps qui t'est mesuré est si court qu'en perdant une seule seconde, tu as déjà perdu ta vie entière, car elle n'est pas plus longue, elle ne dure justement que le temps que tu perds ![14] » ! Et on se retrouve, un jour, vers le soir, avec juste ce reste infime de temps pour regretter ce qui fut perdu.

Une écriture qui est « un oser voir à travers la peur ».

Il y a deux écueils, deux difficultés. La première serait de croire que l'on peut tout dire et que l'on sera entendu et loué pour une telle sincérité. Mais il faut s'envelopper de précautions, précisément pour dire. C'est ce que Léo Strauss écrit dans un livre qui porte

---

[14] Franz Kafka, « Protecteur », dans *La muraille de Chine*, Gallimard (Folio), 1950, p. 173.

ce beau titre : *La persécution et l'art d'écrire*[15] où il est question de Maïmonide, de Jéhouda Halévi et de Spinoza. La seconde est intérieure à l'expérience juive. Rabbi Nahman de Braslaw disait que la différence entre un Juif et un non-Juif est que le Juif sait ce qui peut être écrit et ce qui ne peut pas être écrit. Que la légitimité de l'écriture se ressource en Celui qui nous a donné les lettres et l'alphabet. Merveilleux cadeau dont les anges furent jaloux.

L'écriture, si elle est ce combat de l'encre et du sang dont parle le cabaliste Abraham Aboulafia - combat d'où l'encre sort victorieuse -, est la ressource à la fois matérielle et spirituelle de notre vie. Le cabaliste écrivait : « Alors l'Éternel m'adressa la parole lorsque je vis son Nom tracé en mon cœur, séparant le sang de l'encre et l'encre du sang. Et l'Éternel me dit : "Sache : le nom de ton âme (*nefesh*) est sang, encre le nom de ton esprit (*rouah*). De tout leur cœur ton père et ta mère ont désiré ce Nom et ce Titre à moi". Lorsque ainsi j'appris la grande différence de

---

[15] Léo Strauss, *La persécution et l'art d'écrire*, Presses Pocket, 1989.

mon âme et de mon esprit, je fus rempli d'une grande joie. Alors je sus que mon âme campa sous sa propre couleur, dans le miroir aussi noir que l'encre. Et il y eut en mon cœur une rude échauffourée entre le sang et l'encre - le sang venu de l'air, l'encre de la terre - et l'encre triompha du sang, et le Shabbat vainquit tous les jours de la semaine ![16] »

Si elle s'ancre uniquement dans la Transcendance, on n'ose à peine s'autoriser à écrire. Les maîtres du judaïsme comme Platon avaient une méfiance à l'égard de la poésie et de ses images, dit Benny Lévy.

Meschonnic, lui, dit que le poème est l'intensité maximale de ce que le corps fait au langage et de ce que le langage fait au corps.

Je reste devant cette difficulté, cet écueil. Ce paradoxe.

---

[16] Edith Wolf-Heintzmann, *La disparition du kabbaliste*. Préface de Jacques Hassoun. Éditions Gil Wern, 1996, p. 9.
L'âme / *nefesh* est l'unité d'une personne dans son sang.
L'esprit / *rouah* n'est pas l'esprit contemplatif de la philosophie, mais la puissance de parole, celle qui inspire les prophètes, comme nous le lisons dans les prophéties d'Ézéchiel.

Oser voir, encore, à travers la peur ? Sera-t-il possible d'écrire à nouveau, dans cette vision, un poème ?

La main accouche des pensées
Le récit porte les yeux

L'attente se recueille à la naissance infinie des appels

Alors,
nous ressuscitons
pour parfaire les jardins inespérés.

Direction d'ouvrage :
Monique Lise Cohen et Pierre Léoutre
Association « Mémoires :
Les Juifs dans la Résistance »
www.resistancejuive.org

Composition et maquette du livre :
Pierre Léoutre

www.bod.fr

Edition : BoD - Books on Demand
12/14 rond-point des Champs Elysées
75008 Paris
Imprimé par BoD – Books on Demand, Norderstedt, Allemagne
ISBN : 9782322036455
Dépôt légal : mai 2014